LE POUVOIR NATIONAL

PAR

LE PEUPLE SOUVERAIN

ET

SON ORGANISATION

PAR

L.-F. CHAVANES

Le Solitaire du Cher

10 FÉVRIER 1886

BOURGES
IMP. PIGELET ET TARDY, TARDY-PIGELET, SUCC.
15, RUE JOYEUSE, 15

1886

LE POUVOIR NATIONAL

PAR

LE PEUPLE SOUVERAIN

ET

SON ORGANISATION

PAR

L.-F. CHAVANES

Le Solitaire du Cher

---

10 FÉVRIER 1886

BOURGES

IMP. PIGELET ET TARDY, TARDY-PIGELET, SUCC.

15, RUE JOYEUSE, 15

—

1886

INTRODUCTION

Le titre donné à cette brochure est obligatoire, et elle est faite pour aider son auteur, qui n'est pas un homme politique, mais un petit écrivain à retirer son nez de cette boîte à malice où il se promet bien de ne plus le remettre : pour deux raisons. La première, c'est que l'union des classes entre elles qui forment la nation française, but qu'il s'était proposé et pour lequel il avait pris la plume, est démontré et atteint ici.

La deuxième, parce que son embarras est grand, et qu'il est tout aussi ennuyé que le premier ministre de la République, l'homme au plan : car si l'auteur n'a pas eu le mérite d'avoir conçu des plans, il se reconnaît le tort d'avoir donné à sa dernière brochure, parue le 1er décembre, un titre qui n'est pas vrai ; ce qui le met aujourd'hui dans l'obligation de démontrer pourquoi ce titre de la *République et de l'Égalité sociale* ne sont que des mots hypocrites.

Il avoue que s'il a commis cette supercherie, ce n'est pas pour se donner le malin plaisir de jouer un mauvais tour politique aux partisans de ces idées, qui sont chères, aussi aux masses populaires ignorantes. Non, là n'a pas été son intention ; mais celle de prouver que les mots jouent un grand rôle dans la vie des peuples, et surtout des hommes politiques, et qu'ils sont pour ces derniers le plus puissant moyen d'action qu'ils possèdent pour agir sur l'esprit des masses populaires.

L'auteur croit devoir dire que ce qui l'a conduit à cette fraude, qu'au palais, serait innocentée, parce qu'on y sait que de la discussion jaillit souvent la lumière, ce sont les professions de foi des candidats à la députation : où il a pu voir qu'en politique tout était permis, fraudes, utopies et mensonges.

Si sa plume a suivi ce courant politique, il en subira la conséquence qui sera pour lui de prouver que le titre de la *République et de l'Égalité sociale* ne sont que des mots sans valeur, parce que l'un a toujours été faussé dans son action et que les autres le seront toujours dans leur application ; ce qui fait que ces mots ont servi à commettre les plus grosses erreurs de notre époque contemporaine : l'une gouvernementale, l'autre sociale, lesquelles sont les causes que le peuple a toujours été trompé depuis 89.

Aussi l'auteur vient-il ici prier le lecteur de sa brochure, intitulée : *Le Titre de la République et l'Égalité sociale*, de remplacer ce titre faux par les mots : *Pouvoir national et droit national*, et de les lire dans ce cadre ; ce qui lui donnera le titre et le sens vrai de l'opuscule, et la clef de la supercherie qui lui impose aujourd'hui une tâche à laquelle il ne faillira pas et qu'il fera complète dans un but d'union et de salut public.

LE POUVOIR NATIONAL

PAR

LE PEUPLE SOUVERAIN

ET

SON ORGANISATION

Le Congrès a terminé son œuvre; mais, comme l'a fait justement remarquer son président, il n'avait de national que le nom, puisqu'il n'était qu'un collège électoral sans règlement autre que celui de faire voter disciplinairement sur le nom du premier citoyen français auquel serait dévolu le titre de Président de la République française.

Cette nomination a été faite par le nombre immense de mandataires élus que l'on connaît: 856, dont 589 ont bien voulu consentir à voter; ce qui a donné une acclamation de 457 voix en faveur du nom de M. Grévy qui a été proclamé de ce fait Président. Ce résultat obtenu est d'autant plus édifiant pour l'avenir du pays que beaucoup de sénateurs et de députés qui ont le droit, le devoir d'apprécier, et la charge de sauvegarder les lois constitutionnelles qui en règlent les fonctions, contestent aux mandataires appelés à cet effet le pouvoir de procéder à cette nomination.

Je le dis, non pas que je veuille discuter la valeur légale de cette élection, mais pour faire remarquer qu'au palais du Sénat comme au Corps Législatif, les mandataires élus y sont tellement divisés que l'on pourrait croire qu'ils ne parlent pas la même langue, puisqu'ils ne peuvent s'entendre sur les véritables intérêts de la France et que, même sur l'élection présidentielle, ils ne sont pas d'accord : ce que constatent les déclarations de la droite et les protestations de la gauche de ces assemblées, concernant la régularité des droits et des pouvoirs de ce Congrès. Je crains que cela ne fasse dire et rappeller ces paroles: L'eau trouble d'où est sortie la *carpe* et avec laquelle elle a été baptisée n'assure pas longévité au *lapin*.

Tous ces faits regrettables, à quoi les attribuer? Mes recherches à ce sujet m'ont conduit à reconnaître que la cause première en était à ce que les institutions et lois qui régissent actuellement les pouvoirs en France étaient toutes faussées dans leur action, parce qu'elles étaient dirigées et réglées dans l'intérêt du pouvoir personnel qui règne et non dans l'intérêt du pouvoir national et dans celui du peuple souverain qui devrait régner.

Cependant on ne peut nier que la révolution de 89 ait été faite pour enlever à Louis XVI le pouvoir personnel qu'il possédait, à l'effet d'établir un pouvoir national ; que la révolution de 48 ait rendu le peuple souverain par le suffrage universel. Tout cela est indiscutable.

Je vais examiner ce qui a été fait par les différents gouvernements qui se sont succédés au pouvoir de la France, pour se conformer aux principes établis par ces révolutions.

Je vois qu'il y a eu, sous divers noms, beaucoup d'assemblées, qui ont fait beaucoup de lois ; il y en a un arsenal plein. Mais je constate que la plupart de ces lois ont eu pour conséquences d'établir en France toujours deux pouvoirs : l'un personnel, l'autre constitutionnel. Quant au pouvoir national, j'ai cherché, parmi tous les gouvernements qui ont régné à divers titres, ceux qui auraient dû exercer le pouvoir national : j'avoue, à mon regret, que je n'en ai trouvé aucun. Les explications qui vont suivre en donneront la certitude.

Le gouvernement révolutionnaire, avec Marat et Robespierre, n'ont été que d'affreux pouvoirs personnels qui ont régné par la terreur; le Directoire et le Consulat n'ont été que des gouvernements personnels qui ont exercé le pouvoir au nom de la République.

L'Empire Ier qui s'est greffé sur la République, n'a été qu'un pouvoir personnel qui a absorbé le pouvoir national cause de sa naissance.

Les gouvernements de Louis XVIII et de Charles X ont accepté de partager leurs pouvoirs personnels par une charte constitutionnelle qui devait régler l'action de ces deux pouvoirs.

Le gouvernement de Louis-Philippe : son pouvoir personnel a été fixé par la constitution, qui établissait ainsi deux pouvoirs l'un personnel, l'autre constitutionnel.

La République de 48, qui a rendu le peuple souverain par le suffrage universel : ses pouvoirs ont été réglés par une assemblée constituante. Elle n'a pu se soutenir ; elle est tombée par l'ambition des personnalités politiques qui voulaient la diriger.

L'empire de Napoléon III qui s'est greffé comme le premier, sur la République, a accaparé les prérogatives du pouvoir national en appliquant le suffrage universel, mais il l'a dominé et réglé à son profit, et a, de ce fait, faussé son action ; ce qui a établi dans ce gouvernement deux pouvoirs souverains : l'un personnel, l'autre appelé national ; mais ce dernier pouvoir n'a été toujours qu'un mirage politique ; il n'avait de national que le nom, sa greffe était fausse elle n'a pu donner de bons fruits véritables.

Ces pouvoirs n'ont pu établir souches, et sont tombés parce qu'ils étaient faits pour se combattre et non pour s'unir ; ils luttaient continuellement d'influence : l'un cherchait toujours à absorber le pouvoir de l'autre ; de là division permanente dans le pays.

Il résulte de ces faits que le pouvoir national, au nom duquel la première Révolution a été faite, n'a jamais été appliqué et compris et que le pouvoir du peuple souverain n'a jamais été exercé; parce qu'il s'est toujours trouvé placé dans des mains personnelles qui l'ont exploité dans leur intérêt. Cela est bien une preuve que le peuple n'a été contenté jusqu'à ce jour que par des mots et des promesses.

Désireux d'amener cette conviction dans l'esprit du lecteur, aussi complétement que possible, je vais continuer cette preuve en procédant par comparaison.

Aujourd'hui la France se trouve en République, elle a un gouvernement républicain qui est dans les mains d'un parti; je cherche dans ce gouvernement où se trouve le pouvoir national, qui est celui du peuple souverain, et quels sont les changements apportés dans les institutions et les lois pour l'organisation de ce pouvoir que le peuple devrait posséder.

Je vois bien que l'aigle impérial et les mots Empire français ont été remplacés par les mots de liberté, égalité, fraternité, et que le nom d'Empereur a été changé pour celui de Président, mais c'est tout; car je constate que les Ministres sont nommés par le pouvoir exécutif comme sous l'Empire; que les grands dignitaires de l'État, gouverneurs, préfets de police, préfets des départements, présidents de Cours, etc., etc., sont nommés sur présentation des Ministres par le pouvoir exécutif, comme sous l'Empire, et que les députés sont élus de la même manière, puisqu'il n'existe aucun changement dans les rouages administratifs et dans les liens qui les unissent aux pouvoirs constitués. Toutes les administrations restent donc toujours dans les mains d'un pouvoir personnel qui place, déplace à sa volonté tous les fonctionnaires de l'État, absolument comme sous l'Empire.

Je ne reconnais qu'une seule amélioration à son actif : c'est celle de la nomination des sénateurs, laissée aux votes de conseillers généraux, d'arrondissement, et de délégations communales prises dans chaque conseil municipal ; mais elle n'a pas donné les résultats que le peuple était en droit d'en attendre, parce que ce vote a été faussé dans son action par le pouvoir personnel qui dominait sur la nation.

Je m'aperçois que j'ai oublié de relater un fait que les républicains ne me pardonneraient pas, parce qu'ils le considèrent comme un grand avantage pour leur gouvernement : c'est celui de dire que le Président de la République est élu tous les sept ans, qu'il est rééligible et non héréditaire. Ce principe serait vrai avec le peuple souverain, car son pouvoir national ne peut pas connaître l'hérédité personnelle et que le suffrage universel ne peut pas l'admettre puisqu'ils en sont le contraire ; mais dans les conditions où les républicains exercent le pouvoir personnel ils ont tort de s'en flatter, car je ferai observer que si les empires et royautés ont pu faire des choses utiles et du bien à la France, on ne le doit qu'à la base héréditaire sur laquelle ces gouvernements ont voulu établir leur pouvoir dans l'intérêt de leurs souches.

Sachez-le donc, républicains du jour sans lendemain, et pénétrez-vous en bien; c'est justement cette base héréditaire qui manque au gouvernement de la République et qu'il ne peut avoir sans renier la cause de sa naissance, qui le met en état d'infériorité aux autres gouvernements pour les intérêts de la nation, et cela parce qu'il est reconnu qu'il n'y a que les familles-souches qui agissent par intérêt d'avenir.

Le pouvoir national dans les mains du peuple souverain a un intérêt d'avenir, puisque c'est lui-même qui forme la famille nationale qui s'appelle la nation, et qui devient son héritière, pour laquelle il travaille dans l'intérèt national ; mais la République, gouvernement plusieurs fois personnel, sans base héréditaire possible, n'a pas de famille nationale, elle ne peut travailler que dans l'intérêt présent du parti qui détient le pouvoir de la France, qui s'appelle aujourd'hui centre gauche, demain opportuniste, ensuite radical, etc., etc. N'est-ce pas là une preuve évidente que tout ce système gouvernemental est faux et que les institutions et lois que la République possède sont faussées dans leur action par le fait d'hommes qui, n'ayant qu'un pouvoir national, gouvernent avec un pouvoir personnel, dans leur intérêt, au dépens de l'intérêt national ? Puis je ferai remarquer que si ce gouvernement n'a rien de stable, s'il est continuellement en désarroi, si ses ministres sont usés avant d'agir, si ce qui est trouvé bon aujourd'hui ne vaut rien le lendemain, cela tient à ce que la base héréditaire fait défaut à ce pouvoir national que le peuple français devrait posséder. Ce qui peut encore confirmer cette appréciation et en donner la certitude, c'est que plus le gouvernement de la République veut marcher en avant, plus il est obligé d'accentuer son pouvoir personnel et d'agir avec l'arbitraire, et cela à ce point qu'il s'attaque même à Dieu, le père de la famille nationale, qu'il veut séparer de l'école, afin de donner aux enfants une éducation fausse, conforme aux principes des républicains au pouvoir. Les malheureux qui gouvernent ne voient pas qu'une pareille instruction qui réduit tout au bien-être présent et ne laisse rien à l'avenir c'est la destruction de la famille, qui conduit l'enfant à ne pas respecter son père et le père à se détacher de son enfant ; c'est apprendre à l'enfant à méconnaître son père et à l'homme à oublier son Créateur ; mais vouloir séparer le présent de l'avenir, c'est une utopie monstrueuse qui fait de l'homme un animal, occupé seulement à satisfaire ses passions et les besoins de sa vie matérielle : c'est l'école de la Franc-Maçonnerie. Hélas ! la mort vient assez vite pour ne pas en devancer les effets, qui sont que la matière retourne à la matière et l'intelligence à Dieu dont elle émane ; ce qui est l'avenir donné à l'homme dans son intérêt et celui de sa famille.

Il y a bien encore une autre cause de désorganisation pour ce pouvoir, dont les actions sont complétement faussées : c'est que le gouvernement de la République est dans les mains d'un parti qui contient beaucoup de personnalités, lesquelles ont beaucoup d'amis à satisfaire, caser, placer et le nombre en est grand; il s'augmente d'autant plus qu'elles possèdent le pouvoir d'en distribuer les faveurs pour les asservir. Évidemment, toutes ces personnalités suivent le cours des choses humaines; elles agissent chacune dans leur intérêt personnel. On voudra donc bien reconnaître que ce n'est pas encore cette cause aggravante du mal qui peut rendre la République supérieure à l'Empire.

Aussi, dans quel triste état sont les finances? Dans quelle pénible situation se trouvent tous les fonctionnaires? Leurs positions sont laissées à l'arbitraire d'un pouvoir personnel, sans lendemain assuré, et leurs libertés suspendues! Le Ministre des cultes, dans un discours célèbre en a fixé la limite. Le président du Conseil, en prenant possession du pouvoir, vient de préciser davantage ce qu'elle serait. Ces Ministres l'ont déclaré à la Chambre : ils accordent aux fonctionnaires la liberté d'obéir, d'agir et de penser conformément à l'esprit de toutes les personnalités du parti républicain au pouvoir auxquelles ils doivent être soumis, parce que leur position en dépend. Voilà la liberté républicaine et comment est appliquée la loi qui rend tous les Français égaux. On peut dire que la loi française se trouve remplacée par la discipline républicaine qui borne la pensée du peuple, pour mieux l'asservir et le soumettre aux caprices des volontés personnelles des hommes qui sont au pouvoir, puisque ces fonctionnaires ne sont même plus libres dans leurs rapports avec les particuliers et que leurs consciences sont scrutées. N'est-ce pas une honte pour un peuple d'entendre dire publiquement de pareilles choses; il faut qu'il soit tombé bien bas pour le souffrir? Est-ce que de semblables iniquités existaient sous l'Empire? Non, à cette époque tous les préfets, tous les fonctionnaires de tous les rangs faisaient de la conciliation dans leurs rapports avec les particuliers. Il y avait des partis différents, il y en a toujours eu, mais l'esprit de désunion et de division n'existait pas comme aujourd'hui dans toutes les classes sociales, depuis le bas jusqu'au haut. On peut donc dire, sans se tromper, que le gouvernement de la République a tous les défauts du pouvoir personnel sans en posséder les qualités.

Si la République a pu se maintenir dans des conditions si désastreuses pour la nation, elle ne le doit qu'à ce mirage politique d'avoir su donner au peuple un pouvoir national artificiel fait de mots et de promesses, afin de cacher le pouvoir personnel républicain avec lequel elle agit, qui ruine la France.

Les explications qui suivent en donnent la preuve complète; mais elles demandent un certain développement que le lecteur pourra trouver long, surtout avec des redites forcées qui sont toujours ennuyeuses; cependant, le sujet est si important, que j'y en attache une grande à ce qu'il soit bien compris. Aussi, malgré mon désir et malgré les difficultés d'exposition qu'il m'offre, je ne pourrais le restreindre sans craindre de manquer à la tâche que je me suis obligé de remplir. Cette raison, je l'espère, me fera pardonner ce qui pourra s'y trouver d'aride, et me décide à continuer.

M. Thiers, qui a été le premier Président de la République, et qui l'a faite dans son intérêt personnel, a promis toujours, a donné quelquefois, mais a retenu souvent; il savait procurer des satisfactions à la droite comme à la gauche, suivant son intérêt du moment. Son point d'appui était le centre gauche, qu'il a usé avec lui-même.

Le maréchal de Mac-Mahon, qui lui a succédé, a apporté spontanément un temps d'arrêt aux divisions des partis : les monarchistes ont espéré en lui, les impérialistes ont compté sur lui, et les républicains l'ont ménagé dans la crainte de se l'aliéner; mais cet homme, honnête avant tout, n'a pas voulu se laisser dominer par les personnalités ambitieuses des différents partis, il a préféré quitter le pouvoir et garder son honneur.

M. Grévy, qui en a été le troisième et qui en est encore actuellement le Président, est un homme habile. La chute de M. Thiers a été pour lui un exemple dont il a su profiter. Aussi, voyez-le, il ne s'use pas; il se contente de voir user ses ministres les uns après les autres, ainsi que les individualités ambitieuses qui grouillent autour de son pouvoir. On peut dire qu'il est la première autorité de son titre qui boive à plein cou à la coupe de liberté que donne ce faux système gouvernemental républicain; il rit, s'amuse, et vit grassement, heureux de se renfermer dans la dignité de son pouvoir qu'il préfère, dit-on, et c'est à croire même, à un bon fromage de Hollande.

Le nouveau ministère est présidé par M. de Freycinet, qui passe pour un malin; il est homme de combinaisons et de plans. Je le crois, car j'ai lu qu'il avait roulé mon compatriote du Cher, M. Henri Brisson, parce qu'il n'avait pas de plans et ne brillait que par son titre : l'*Austère*. Eh bien! malgré ses plans, M. de Freycinet sera usé comme les autres, par la raison qu'il ne s'est pas aperçu qu'un autre malin, avant lui, M. Jules Ferry, l'auteur des dépêches coloniales, avait coupé et usé bien des ficelles politiques de ce pouvoir artificiel républicain. Puis, il faut le reconnaître, les nuances distinctives des autres partis républicains, qui sont les seules étapes qui restent à parcourir à ce gouvernement, s'épuisent. Le gouffre est ouvert, et la culbute est proche.

Dans ces conditions, je le dis, si les hommes politiques ne veulent pas s'unir pour arrêter ce faux système de gouvernement, il est temps pour eux de boucler leurs malles, s'ils veulent échapper à la furie démagogique qu'ils préparent, car la maison est lézardée de tous côtés et craque de toute part, à ce point que certains hommes politiques pensent déjà à sauver les meubles et à transporter la capitale à Bourges. N'est-ce pas là encore une preuve évidente de la décomposition de notre malheureux pays? Leur en faut-il d'autres pour les faire agir et leur ouvrir les yeux? Je continue.

Parmi l'arsenal des lois qu'ont produit les différents régimes qui se sont succédé au pouvoir de la France, il est nécessaire d'examiner celles qui ont été faites dans un intérêt national et qui auraient dû profiter au peuple.

La première, qui est la base de toutes les autres, dit que tous les Français sont soumis à la loi, qui est le droit commun pour tous; la deuxième, dit que le droit d'aînesse est supprimé; la troisième, que tous les privilèges sont abolis; la quatrième, que le cens est fixé d'après la quotité d'impôts, ce qui rend un plus grand nombre électeurs et éligibles; la cinquième, que le suffrage universel est donné au peuple.

Voyons la première : elle dit que tous les

Français sont soumis à la loi et sont égaux devant la loi. C'est, en fait, la constitution du principe fondamental du droit public français qui donne au peuple l'égalité politique; elle est la base de son pouvoir national, parce que cette loi a pour effet la répartition des charges nationales proportionnellement à la fortune de chaque Français, et celui de rendre les emplois civils et militaires également admissibles à chaque Français, suivant le mérite; elle a aussi pour effet d'assurer la liberté individuelle, la liberté politique des opinions et leur publication. Cette loi est donc la base fondamentale du pouvoir national que la Révolution avait pour motif de faire : toutes les autres lois doivent découler du même principe et ne peuvent être faites que pour en augmenter l'assise et en fortifier la base; autrement, l'égalité devant la loi ne serait qu'un mot vide de sens, si la loi pouvait détruire la base fondamentale du pouvoir que le peuple s'est donné; ce serait son existence même mise à la merci de la loi qui pourrait déclarer que tous les Français sont des Russes. Ceci, afin de démontrer toute l'ineptie du pouvoir républicain qui a succédé au pouvoir personnel de Louis XVI.

Quelle est la conséquence logique de cette loi ? C'est pour le peuple d'avoir un gouvernement français, sans aucun titre personnel, parce que cette loi, qui rend tous les Français égaux, est la condamnation du pouvoir personnel, et que l'intérêt personnel est le contraire de l'égalité qui est l'intérêt de tous. C'est donc la preuve qu'il n'y a qu'un gouvernement national, être impersonnel, qui puisse en remplir les conditions. Je cherche dans tous les différents régimes qui ont occupé le pouvoir en France, celui qui a exercé un pouvoir national conforme à la loi, qui a établi le principe fondamental du droit public français : je n'en trouve pas. Je vois bien qu'elle a eu des gouvernements républicain, bonapartiste, royaliste, impérialiste, mais jamais de pouvoir national. — Ce gouvernement du peuple reste à faire et explique pourquoi le droit d'aînesse, supprimé par la loi, a été rétabli en faveur des enfants aînés des empereurs et rois; que tous les privilèges, abolis par la loi, revivent sous d'autres formes en faveur des personnalités qui occupent le pouvoir ou l'ont occupé; que le cens a été fixé d'après quotité d'impôts au profit d'électeurs et d'éligibles, contrairement à la loi d'égalité pour tous; que le suffrage universel, qui est le droit national, est faussé dans son action, ainsi que les autres lois, par le pouvoir personnel qui a toujours dominé la nation et la domine plus que jamais.

N'est-ce pas là encore une preuve qui donne la mesure de ce faux gouvernement? Je vais continuer à la faire par d'autres considérations, afin de donner l'explication complète de toutes les idées et arguments produits dans ma brochure en faveur de son titre faux : *La République et l'Égalité sociale* qui, dans mon esprit, s'adressait au pouvoir national et droit national.

Avant de commencer l'exposé de l'organisation du pouvoir du peuple par le peuple, je tiens, n'étant pas le flatteur des idées populaires, à donner la vraie signification du mot peuple. On pourra dire que c'est de la superfétation, mais je le crois nécessaire pour répondre à ce cri des masses populaires dans les réunions publiques : Le peuple est souverain ! qui donnerait à penser que ces masses se considèrent comme formant à elles seules tout le peuple.

Le peuple français se compose de tous les êtres nés en France et de ceux naturalisés français ; les riches, les gueux, les ignorants et les instruits peuvent former des classes à part, mais ils font tous partie du peuple ; aucune classe n'a le droit d'en accaparer le nom à son avantage. Du reste, la loi ne fait pas de distinctions dans le vote accordé au peuple par la nation, autres que celles fixées par le code criminel et pénal ; elle a eu raison, parce que le mot peuple pris dans son ensemble, est un être impersonnel qui a le nom de nation, et la maison et le foyer qu'il doit défendre et entretenir, s'il veut vivre et prospérer, s'appelle la France. C'est l'explication de ces paroles : toute maison divisée contre elle-même tombera.

J'ajouterai que si le suffrage universel a pu faire penser aux classes ouvrières qu'elles formaient à elles seules le peuple, cela est la faute des classes dirigeantes qui lui ont fait toujours une place à part dans la nation en les privant de leurs droits d'intérêts politiques, malgré la loi qui rendait tous les Français égaux à cet égard. Elle est restée pour ces classes des mots et des promesses qui leur ont été donnés, absolument comme on donne des jouets aux enfants pour les empêcher de crier.

Je sais que le suffrage universel qui rend le peuple souverain, a fait crier beaucoup; parce que personne ne peut admettre que les destinées d'un peuple soient placées dans des mains ignorantes; cependant, de la manière dont est exercé aujourd'hui ce suffrage universel, on peut dire que c'est l'ignorance qui gouverne; puisque la loi qui a réglé l'action de ce vote, permet à tous les transfuges, à tous les blackboulés de la politique, de se présenter et de se faire nommer dans des départements où ils sont complètement inconnus, et cela à l'aide de moyens, de plans, combinaisons et compromissions écœurantes : c'est la démonstration que, maintenant, le titre de député est devenu une marchandise, dont la presse est chargée, moyennant finance, de faire l'offre et la réclame. Ceux qui se plaignent de la façon dont ce vote est appliqué n'ont pas tort, car il est facile d'en constater les effets à la Chambre des députés, par le bien produit pour les intérêts français.

Cependant ce droit du peuple n'est pas discutable, parce qu'il n'y a pas de pouvoir national possible sans le suffrage donné à tous; car c'est par lui que s'établit la création de ce pouvoir du peuple souverain. Ce fait, que j'ai reconnu, m'a conduit et m'a pénétré de cette vérité, c'est que le suffrage donné au peuple, il ne le possédait pas en raison du savoir que chacun pouvait avoir, mais en raison de l'intérêt politique de chacun; parce qu'il n'y a que du côté de l'intérêt que les hommes peuvent être égaux. Il est vrai que chacun apprécie son intérêt à sa manière; mais l'homme se trompe rarement là où son intérêt est en jeu. On peut donc dire que l'homme ignorant connaît tout aussi bien son intérêt que l'homme instruit, le valet aussi bien que le maître, l'ouvrier aussi bien que le patron; il faut donc placer l'homme de manière à ce qu'il puisse exercer son intérêt politique en connaissance de cause.

Dans ces conditions, la chose importante à obtenir, est de mettre l'électeur à même de connaître le mandataire de son vote, pour que le mandataire puisse représenter l'intérêt et la véritable opinion du mandant. — Où l'électeur pourra-t-il apprendre à le connaître, si ce n'est à la commune où tous les habitants se connaissent ou peuvent se connaître, et savent qui vous êtes et ce que vous faites. Puis on voudra bien reconnaître que les intérêts de la vie politique d'un peuple se lient tellement à ceux de sa vie matérielle qu'on ne peut les en séparer sans nuire à l'un ou à l'autre; cette vérité a fait dire: bonne politique, bonnes finances. Aussi est-elle une preuve de plus pour montrer toute la nécessité qu'il y a pour le mandant de connaître le mandataire de son intérêt.

Organisation du pouvoir national préliminaire.

La démonstration que j'ai à faire comprendra deux questions principales. La première, où se trouve le véritable pouvoir national? la deuxième, faire servir l'intérêt personnel de l'homme à celui du pouvoir national dans l'intérêt général.

A cet effet, je commencerai par ce principe vrai: C'est que tout pouvoir terrestre a une origine et une cause d'être et que pour appliquer justement un pouvoir, on doit en connaître l'origine et la cause.

Ce premier point établi;

Je dirai que l'origine du pouvoir personnel est l'homme et date de sa création; que sa cause d'être est son intérêt personnel et celui de l'avenir de sa famille; que l'origine du pouvoir national est la commune et date de sa création; que sa cause d'être est l'intérêt du peuple qui forme la nation, son avenir et celui de sa famille.

Le pouvoir personnel a donc eu sa raison d'être; il a duré des siècles, parce qu'il ne dépendait que d'une volonté, celle du roi, qui était le maître absolu, et la loi, dont personne n'avait le droit de contrôler ni de discuter les actes. Le point d'appui de ce pouvoir a été les gens de qualité, qui possédaient des dignités à différents titres. Le droit d'aînesse qui maintenait l'hérédité dans ces titres en constituait la force.

L'empire de Bonaparte et les royautés diverses qui ont régné sur la France, procédaient de deux pouvoirs, l'un personnel et l'autre constitutionnel. Ces pouvoirs, différents d'action, faits pour se combattre et non pour se soutenir, étaient sans origine et sans cause d'être, parce que le droit d'aînesse avait été supprimé et que les censitaires, point d'appui de ces pouvoirs, étaient insuffisants pour constituer un droit national conforme à la loi.

L'empire de Napoléon III a voulu gouverner avec la qualité et le nombre. Cette assise gouvernementale avait deux bases fausses, parce que la qualité, sans l'hérédité du titre, est sans force, et que le nombre, pouvoir souverain par son vote, ne peut se gouverner. Aussi, tous les deux lui ont fait défaut, par cette raison que l'origine et la cause de ces deux pouvoirs étaient faussées dans leur action et marchaient contre la loi nationale.

La révolution qui a donné naissance à la République avait en principe son origine nationale et sa cause d'être qui était l'intérêt du peuple qui forme la nation, puisqu'elle a été faite par lui pour enlever le pouvoir personnel de Louis XVI afin de l'approprier à son intérêt général. Autrement son origine et sa cause d'être seraient sans raison, parce que le bon sens et l'intelligence des hommes ne pouraient jamais admettre que la révolution a été faite uniquement pour ôter le pouvoir personnel que possédait un seul pour le mettre dans les mains de plusieurs personnalités, qui se contenteraient de changer le titre de roi par celui de République, titre impersonnel, mais en conserveraient son pouvoir personnel, et l'organiseraient à leur profit; c'est cependant vrai, et ce qui a lieu actuellement : car depuis 89, aux diverses époques où la République a régné sur la France, le pouvoir national a toujours été accaparé par des partis qui ont gouverné à tour de rôle dans l'intérêt personnel des individualités qui formaient ces partis, et ce gouvernement, sans base héréditaire, a toujours été inférieur aux autres, parce qu'il est conduit fatalement pour se soutenir, à l'arbitraire révolutionnaire, avec son triste cortège de calamités destructives de tout bien-être public. Cela est la preuve complète que le titre de la République n'est qu'un mot impersonnel, hypocrite, sans valeur, et que le titre vrai de ce gouvernement est celui *de la déception nationale.*

Si j'ai dit que le pouvoir personnel avait eu sa raison d'être, je tiens à ce que ma pensée ne soit pas dépassée. J'entends que le pouvoir personnel appartient à tout chef de famille, qui peut l'exercer dans l'intérêt de ses enfants et de sa famille à différents degrés connus de lui, mais le jour où cette famille, par le nombre, échappe à sa connaissance, l'intérêt du chef disparaît à son égard. Le pouvoir alors doit être placé dans les mains du nombre qui, seul, peut l'exercer dans l'intérêt du nombre : cela est si vrai que l'histoire des peuples montre que de tout temps tous les pouvoirs personnels exercés sur les nations par des chefs, à différents titres, ont toujours été attaqués soit par les membres même de leur famille, soit par les classes dirigeantes entourant ces pouvoirs, soit par le peuple appelé par eux à venir en soutenir les prétentions; aussi, est-ce la preuve évidente que les pouvoirs de la nation doivent être placés dans les mains du peuple, être impersonnel.

Maintenant je me demande si le pouvoir national, pour lequel la révolution a été faite, a été bien compris, même par ses auteurs. Je ne le crois pas. Cependant, en me reportant à cette triste époque de notre histoire, je vois que l'ordre d'arrestation de Louis XVI est donné au nom d'une assemblée appelée la Commune, où siégeaient Danton, Camille Desmoulins, Pétion et Marat, l'idole du peuple. Serait-ce un indice qui pourrait donner à penser que dans l'esprit de ces hommes, promoteurs de la révolution, ils entendaient faire partir le pouvoir national de la Commune, qui est sa véritable origine : cela me laisse un doute, car ces hommes, emportés eux-mêmes par les passions humaines qu'ils avaient soulevées, n'ont pas donné de certitude sur le motif réel de leurs actions politiques. Ils n'ont laissé que ceux des mauvais sentiments avec lesquels ils ont agi.

Quoi qu'il en soit à cet égard, il n'en est pas moins vrai que le premier pouvoir national, droit du peuple souverain pour lequel la révolution a été faite, doit partir de son origine qui est la Commune, laquelle serait rendue libre et indépendante du pouvoir personnel, siégeant à la capitale, Paris, afin que le suffrage universel puisse s'y exercer librement sans pression d'aucune sorte, pour que le peuple ait la véritable expression de son vote. A cet effet, je dois faire connaître comment s'établit la souveraineté du peuple et ce qui peut le rendre souverain au profit de tous ses intérêts.

La souveraineté du peuple s'établit par son droit de vote et son vote, par l'effet duquel il délègue son pouvoir à des mandataires de son choix pour représenter ses intérêts politiques. C'est donc les mandataires qu'il a choisis qui deviennent les délégués de son pouvoir et qui forment la délégation effective du peuple, chargée de créer et d'organiser le pouvoir national qui le rend souverain.

Aujourd'hui le peuple a la souveraineté de son vote, mais il n'est pas souverain et n'exerce pas le pouvoir par la délégation de son choix ; il ne la possède pas. Ce qui remplace actuellement cette délégation dans cette action politique, ce sont les députés dont les noms sont imposés au vote du peuple, par le pouvoir personnel et par les partis. Je dis imposés, parce que ces députés, le peuple ne peut les connaître, et que dans ces conditions les noms des candidats qui se présentent à la députation ne possèdent plus la dignité et l'honorabilité que devrait toujours comporter ce titre, qui, par ce fait, ne devient plus qu'une marchandise que la presse est chargée d'offrir aux électeurs par la réclame et par des journaux payés à cet effet. Aussi le résultat que produit pour l'intérêt national, un semblable vote, est facile à constater à la Chambre du Corps législatif. Il fait assister à cette anomalie gouvernementale qui est de voir les députés salariés du pouvoir, nommer le chef du pouvoir exécutif et en fixer ses émoluments, ainsi que ceux des ministres auxquels ils sont appelés à succéder. Ils fixent de même les appointements de tous les fonctionnaires de l'État, dont les plus grosses charges bénéficiaires sont accordées aux députés par le pouvoir, en récompense des votes qu'ils ont donnés en sa faveur; c'est l'explication de ces courses aux places d'intérêts politiques et du peu de stabilité des fonctionnaires de tous rangs en république.

Il n'en serait pas de même avec la délégation choisie à la commune libre, parce que le vote ne serait plus surpris, ne serait plus ignorant: il serait fait avec l'intelligence que chacun comprendrait de ses intérêts politiques, par cette raison que le peuple connaîtrait ou pourrait connaître celui auquel il voudrait confier le mandat de représenter ses opinions d'intérêts politiques. A cet effet les villes seraient divisées en sections électorales, de manière à permettre toujours à l'électeur de connaître, juger et apprécier le délégué de son pouvoir politique: dans ces conditions le vote donné ne pourrait être entaché de prévarication, parce que le souverain qui commanderait par son vote dans cette action électorale à sa délégation, serait un être impersonnel, non rétribuable, et que les délégués nommés ne seraient pas rétribués.

Le pouvoir national ainsi constitué aurait une puissance régulière : ce serait le peuple souverain donnant, par l'effet de son vote, à ses délégués, mandataires de ses intérêts politiques, le pouvoir de fixer les émoluments de tous les fonctionnaires de l'État quels qu'en soient les titres ; ce ne serait plus comme aujourd'hui un pouvoir national accommodé à la cuisine personnelle d'hommes qui gouvernent la France au nom de la République ; on ne verrait plus ces hommes se moquer et se jouer du vote populaire et faire exercer au peuple la souveraineté comme les fous des rois, car les rois avaient aussi des fous qui croyaient exercer la souveraineté et être souverains, parce qu'ils étaient les fous des rois et avaient le privilège de leur faire entendre de dures vérités ; mais les rois conservaient leur pouvoir avec ses avantages, et les fous gardaient leurs ridicules. Aujourd'hui le peuple croit exercer le pouvoir et être souverain parce qu'il l'entend dire et qu'il a la souveraineté de son vote, ce qui lui donne le privilège de faire entendre de dures vérités à ceux qui détiennent son pouvoir, mais les personnalités qui l'occupent conservent le pouvoir avec ses profits et le peuple garde le ridicule de la situation qui lui est faite. Voilà la vérité dans toute sa nudité, dépouillée de tout artifice national.

Pour faire cesser cet état de choses qui est la ruine de tous les intérêts français, il faut en supprimer la cause qui le produit : cette cause est l'intérêt personnel des hommes qui sont au pouvoir de la France et qui faussent par ce fait toutes les lois qui règlent les institutions, administrations et corps constitués qui sont les principaux rouages organiques du gouvernement français. J'ai donc cherché quel serait le moyen qui pourrait empêcher le pouvoir personnel républicain de dominer et d'accaparer à son profit seul toutes ces forces nationales.

Je ne vois de possibilité d'obtenir ce résultat qu'en rendant d'abord la commune libre et indépendante de l'action préfectorale et sous-préfectorale, qui représente officiellement le pouvoir personnel républicain; puis en donnant le droit à tous les grands corps de l'État de former eux-mêmes le personnel nécessaire à leur organisation, d'après un stage réglementaire, et de procéder ensuite à la nomination de leurs membres d'après examens faits par des commissions où tous les degrés et grades, de bas en haut, seraient représentés en suivant l'ordre hiérarchique de chacun. Les membres qui feraient partie de ces commissions ainsi organisées voteraient au scrutin secret, et les noms des trois membres qui auraient obtenu le plus de voix seraient envoyés au ministre du ressort d'où dépend l'administration qui aurait effectué ce vote, afin qu'il puisse choisir le candidat qui serait le plus agréable au pouvoir central du Souverain que le ministre représente, et en présenter le nom au pouvoir exécutif qui en ordonnerait la nomination ; car, s'il est important de soustraire toutes les lois administratives de l'État ainsi que tous ses fonctionnaires à l'action arbitraire du pouvoir personnel, il n'est pas moins important de conserver tout ce qui peut les unir au pouvoir central sans nuire au fonctionnement de la loi et à la liberté des fonctionnaires, parce que toutes nos lois organiques sont bonnes et qu'elles ont été faites dans un but de centralisation pour les intérêts des pouvoirs personnels qui se sont succédé en France depuis 89. On ne doit donc penser qu'à les dégager de l'action néfaste qui les empêche de satisfaire aux intérêts généraux de la France.

Les délégués des communes de chaque département formeraient un grand conseil communal qui se réunirait au chef-lieu de chaque département à dates fixes. Il y aurait quatre sessions annuelles pour examiner toutes les affaires d'intérêt départemental et d'intérêt général.

Chaque département serait divisé par circonscription électorale suivant l'importance de sa population et conformément à la loi qui fixait le nombre de députés attribués à chaque département d'après le nombre de circonscriptions.

Tout candidat à la députation ne pourrait se présenter s'il n'habite la circonscription qu'il demanderait à représenter ; cela afin qu'il puisse être connu des délégués appelés a procéder à la nomination des députés comme mandataires du pouvoir que leur a conféré le peuple souverain par l'effet de son vote. Cette nomination se ferait au scrutin secret et à la majorité des voix. Aucun délégué ne pourrait être éligible à la députation.

Les députés élus siégeraient moitié au Corps législatif, moitié siégeraient au chef-lieu du département où ils concentreraient dans leurs mains tous les pouvoirs que possèdent actuellement les préfets et sous-préfets. A chaque session tous les députés viendraient assister au grand Conseil des communes pour répondre aux demandes qui pourraient leur être faites concernant leurs votes au Corps législatif et leur gestion départementale que les délégués approuveraient ou désapprouveraient par un vote secret.

Les députés iraient alternativement siéger au Corps législatif, de manière à ce que les intérêts des départements qu'ils représenteraient soient toujours sauvegardés vis-à-vis le pouvoir central.

Les délégués formant le grand Conseil des communes pourraient être appelés successivement au chef-lieu de chaque département par circonscription électorale cantonale, ceci à l'effet d'en rendre les assises plus faciles et moins nombreuses. Il n'y aurait aucun inconvénient à cela, puisque ce serait toujours le *vote secret* qui resterait la loi, le règlement et l'action de ces assemblées.

J'ai dit que le grand Conseil des communes, réuni au chef-lieu de chaque département, serait appelé à fixer les émoluments de tous les fonctionnaires de l'État, quels qu'en soient leurs titres, leur rang et leurs grades : cela à l'effet de dégager le pouvoir central du souverain de toute action d'intérêt personnel, et de créer un véritable pouvoir national français qui empêcherait la dilapidation des finances de l'État. Ces émoluments seraient fixés d'après un questionnaire d'ordres où seraient indiqués le titre, le rang et le grade de chaque fonctionnaire, qui serait rempli par le grand Conseil des communes de chaque département.

Ces cahiers d'ordres, remplis aux chiffres fixés pour chacun d'eux, seraient envoyés au pouvoir central pour en faire le dépouillement et en établir les chiffres proportionnels qu'ils auraient produits pour chacun d'eux : ce serait alors le chiffre proportionnel obtenu qui fixerait les émoluments de chaque fonctionnaire, qu'une loi approuvée par tous les ministres, reconnaîtrait et ferait ensuite ordonnancer par le pouvoir exécutif. Dans ces conditions, ce serait bien le peuple qui serait le maître de ses finances, parce qu'il fixerait lui-même les émoluments de ses serviteurs, et non comme aujourd'hui où ce sont les serviteurs salariés du pouvoir du peuple qui fixent les émoluments de salariés du même pouvoir auxquels ils sont appelés à succéder et à partager les profits qu'ils ont fixés.

Je n'ai pas à parler de l'organisation sénatoriale, parce que ce pouvoir, tout de pondération, n'aurait plus sa raison d'être avec la nouvelle députation, qui serait elle-même un pouvoir modérateur.

Les ministres seraient nommés par les députés, au scrutin secret et à la majorité des voix. Les députés se réuniraient dans leurs bureaux pour nommer la délégation qui aurait pour mission de conduire, d'installer et de faire reconnaître le ministre élu par les chefs des bureaux du ministère qu'il serait appelé à diriger, et aussi de le présenter au chef du pouvoir exécutif.

Le ministre qui serait atteint par le vote des députés et mis, par ce fait, en minorité à la Chambre, serait considéré comme démissionnaire. Le chef du pouvoir exécutif, par un décret, ferait procéder, par la Chambre des députés, à une nouvelle nomination.

Le chef du pouvoir exécutif serait nommé par un vote direct du peuple, parce que son titre est la représentation du pouvoir souverain; mais sa charge et ses fonctions ne pourraient comporter d'action d'intérêt personnel du pouvoir : elles se renfermeraient dans celle du titre de chef exécutif des ordres du souverain exprimés par les votes du grand Conseil des communes, qui seraient adressés et communiqués par les députés de chaque département au président du

Conseil des ministres, qui représenterait le pouvoir central du souverain à l'égard du chef de l'exécutif, qui posséderait le titre représentatif national du Gouvernement français.

Le chef du pouvoir exécutif serait responsable de ses actes devant le grand Conseil des communes réuni à chaque chef-lieu de département. Les délégués du pouvoir souverain décideraient, en cas de forfaiture, par leur vote secret, s'il y a lieu de faire procéder à une nouvelle nomination par le peuple.

Tout fonctionnaire accusé d'indélicatesse ou de forfaiture, dont le renvoi serait démandé par ses supérieurs, le ministre d'où ressortirait l'administration de l'accusé pourrait en prononcer la révocation sous sa responsabilité, mais cette révocation ne serait effective qu'après un jugement rendu par le tribunal compétent, siégeant au département où le fonctionnaire aurait commis l'acte qui a motivé sa révocation. Ces garanties seraient nécessaires pour soustraire tous les fonctionnaires à l'arbitraire d'un pouvoir personnel occulte quelconque et empêcher ce qui se passe actuellement, où l'on voit des ministres d'un gouvernement aux abois vouloir borner la pensée des fonctionnaires par la discipline républicaine pour les soumettre à l'intérêt personnel du pouvoir qu'ils exercent, et renvoyer, déplacer ceux qui ne veulent pas rester esclaves et subir un pareil affront fait au nom français.

Aussi, quand je trouve dans le discours de M. le Ministre des cultes prononcé au

Sénat, ces paroles : « La patrie, c'est la France, libre de se gouverner elle-même par les institutions qu'elle s'est données et n'abandonnant plus jamais ses destinées ni aux caprices d'un homme, ni aux intérêts d'une caste, » je m'écrie : O puissance des mots ! Que les castes républicaines au pouvoir sont belles et bonnes ! Que font-elles de la patrie? que font-elles de la France? J'ai lu que la politique était l'art de cacher la vérité. On doit reconnaître que M. le Ministre des cultes est passé maître en cet art, car, je lui demanderai s'il est convaincu que le peuple souverain exerce le pouvoir national qu'il devrait avoir et qu'il a acquis par deux révolutions, et si c'est en formant des maîtres à son école de vérités politiques et républicaines, que la nouvelle génération le possédera. S'il me fait l'honneur de me lire il aura la preuve du contraire.

Si je dis tout cela, ce n'est pas, on peut le croire, par satisfaction personnelle, non : c'est parce que je suis écœuré de la triste situation que fait cette politique à mon pays ; car, parmi toutes les lois, institutions, administrations civiles et militaires existantes en France, je demande que l'on me montre quelles sont celles qui ne sont pas atteintes par son action néfaste, et si on peut nier qu'avec le système de gouvernement d'aujourd'hui toutes les positions et fortunes des fonctionnaires civils de l'État ne sont à la merci du caprice et des volontés des *castes* républicaines au pouvoir; puis, on reconnaîtra qu'il n'y a qu'en République où l'on peut entendre des hommes exerçant le pouvoir séparer des Français en *castes*, et classer les partis français, comme s'ils formaient des tribus à part dans la nation.

Pour celui qui regarde froidement et sans ambition toutes ces choses et tout ce qui se passe, il est en droit de se demander si les classes dirigeantes actuelles ne sont pas atteintes de la folie de l'intérêt personnel du pouvoir, et si le peuple ne se trouve pas atteint lui-même par la folie de ses gouvernants, qu'il subit, lorsqu'il a en main l'arme (son vote) qui peut l'en débarrasser. Certainement, le jour où l'esprit du peuple ne serait plus troublé par de pareilles doctrines et où il serait mis à même de connaître le mandataire de son vote, il ne se tromperait pas, croyez-le, sur ses véritables intérêts politiques, par cette raison que toutes les classes seraient liées par le même intérêt et qu'aucunes ne seraient plus intéressées à fausser l'esprit des autres, parce que toutes, au contraire, auraient intérêt à s'éclairer mutuellement. Alors, les élections, soyez-en convaincu, donneraient un résultat tout autre, et cela se comprend; parce que l'électeur n'aurait plus qu'une préoccupation, qui serait celle de choisir l'honnête homme auquel il pourrait confier la bourse de ses intérêts politiques et matériels. Puis, on ne verrait plus ces abstentions regrettables dans le vote qui serait ainsi complètement libre.

Dans un gouvernement de démocratie nationale qui repose sur le nombre, tous les pouvoirs devraient être organisés au profit du nombre, et ils ne pourront l'être que le jour où toutes les fonctions publiques seront données au vote secret, parce que ce vote secret est le *secret* trouvé pour combattre l'arbitraire de tout pouvoir personnel, franc-maçon ou autre; qu'il est l'arme du peuple pour défendre ses intérêts et faire reposer toutes les forces nationales, civiles et militaires sur le droit que donne la loi, base du pouvoir national, qui rend tous les Français soumis et égaux devant la loi, dont les conditions seraient remplies, parce que le vote secret deviendrait la loi du travail et du mérite, et rendrait tous les emplois civils et militaires également admissibles à tous les Français, d'après examens de capacité; elle pourrait être complétée par cette mention : que tout cumul de fonctions publiques serait interdit.

Le pouvoir national, ainsi constitué et organisé, ferait que chaque Français aurait intérêt à exécuter la loi et à la faire exécuter; l'arbitraire du pouvoir personnel et occulte ne serait plus à craindre, parce que les nominations et les émoluments des fonctionnaires ne seraient plus à la discrétion de volontés personnelles.

On ne penserait plus, comme le proposait l'honorable M. Édouard Boinvilliers dans une conférence, à transporter le pouvoir républicain de Paris, capitale de la France, dans une deuxième capitale, qui serait Bourges, parce que, qu'il me permette de le lui dire ici, ce projet réussirait-il, qu'il ne remédierait pas au mal, par cette raison qu'il n'enlèverait rien des vices organiques de ce pouvoir. On peut le transporter à Bourges ou ailleurs, il n'en conservera pas moins tous ses vices de désorganisation, qui divisent le peuple et conduisent la France à sa ruine.

Pour faire comprendre ma pensée à ce sujet, je comparerai le pouvoir actuel à un cheval atteint de vices et de tares rédhibitoires. Menez ce cheval, transportez-le où vous voudrez, il n'en conservera pas moins tous ses vices et ses tares, qui font de lui un cheval sans valeur et incapable de remplir un bon service. Il en est de même du pouvoir actuel. Transportez-le où vous voudrez, il ne sera toujours qu'un pouvoir sans valeur et incapable de faire du bien à la France. Dans ces conditions, je ne vois plus qu'un moyen : c'est de le changer pour un meilleur, et, j'en ai donné ici les preuves : il n'y en a pas d'autre que le pouvoir national, dont la cause d'être est de sauvegarder les intérêts de tout le peuple.

Je pense avoir rempli la tâche qui m'était imposée et avoir prouvé que la République n'était qu'un mot hypocrite, sans valeur gouvernementale, parce que le bon sens indique, et on est forcé de reconnaître que si le peuple a fait la Révolution de 89 pour renverser le pouvoir personnel de Louis XVI, ce n'était pas seulement pour remplacer le titre personnel de Roi par le titre impersonnel de République, mais pour avoir un gouvernement national français organisé au profit du peuple, et non un pouvoir républicain plusieurs fois personnel qui ne pouvait qu'aggraver sa situation; car elle ne pouvait pas avoir une autre cause vraie, que celle de lui ôter son pouvoir *arbitraire* qui est commun à *tout pouvoir personnel;* autrement, la Révolution ne serait plus qu'une utopie et resterait une folie criminelle.

Maintenant, il me reste à expliquer pourquoi l'égalité sociale est une absurdité et pourquoi ces mots seront toujours faussés dans leur application. La raison en est que pour faire de l'égalité sociale d'une *heure* et d'un *jour*, on est forcé de commettre des inégalités sociales : *tous les jours* dépouiller les uns pour donner aux autres et recommencer toujours ; puis, qu'on le sache bien, il n'est pas plus possible de commander l'intelligence de l'homme que son intérêt personnel sans atteindre sa cause d'être, sa pensée et sa liberté. Aussi, je le dis, vouloir faire de l'égalité sociale, ce serait détruire chez l'homme les causes qui lui ont fait accomplir tous ces magnifiques travaux d'art et tous les grands progrès de la civilisation depuis sa création. Dans ces conditions, il vaudrait mieux voir périr le peuple que de le voir s'entre-dévorer.

Si je me suis fait le défenseur de la République et de l'égalité sociale, c'était afin d'avoir plus de force pour en montrer, par des arguments décisifs, toute l'inanité; si j'ai indiqué que l'égalité sociale était possible à chaque décès, j'avais pour but de faire voir où l'intérêt personnel outré des hommes politiques pouvait les conduire avec un gouvernement arbitraire et de fixer même au pouvoir républicain un temps d'arrêt à cet arbitraire. Car, à cet égard, je n'ai rien à innover : c'est un droit national inscrit dans la loi, base de la création de ce pouvoir, qui répartit toutes les charges nationales proportionnellement à la fortune de chaque français, mais ce droit n'est pas à craindre avec un *pouvoir national* dont la cause d'être est de sauvegarder les intérêts de tous les Français. Il n'est à craindre qu'avec un *gouvernement républicain* qui est sans cause d'être et qui ne peut se soutenir que par l'arbitraire.

C'est pourquoi je crie à tous les hommes politiques de faire un pouvoir national s'ils veulent sauver leurs biens et garder les honneurs que chacun a le droit d'acquérir et de rechercher par son intelligence, son travail et son mérite, mais non par la fraude et aux dépens des intérêts nationaux ; car, si la France est dans cette situation, il faut le dire, c'est que depuis 89 tous les pouvoirs ont fait la part au peuple, ils ne lui ont donné que ce qu'ils ne pouvaient pas garder, et le peu que le peuple possède il ne l'a obtenu que par la force. Il est temps, croyez-le, hommes au pouvoir et hommes politiques, de mettre d'accord vos actes et vos paroles, de ne pas continuer à tromper le peuple par des mots et des promesses mensongères; il est temps de lui donner la vérité électorale, de lui donner la vérité de ses intérêts politiques, si on ne veut pas voir sombrer tous les intérêts d'un peuple affamé par le mensonge des hommes qui se succèdent à son pouvoir. Ne voyez-vous pas frapper tout ce qui est honnête, ne voyez-vous pas arriver l'arbitraire avec ses lois de proscription et que la délation est aux portes qui attend sa loi des suspects. Oh! de grâce! arrêtez-vous pendant qu'il en est temps encore; c'est l'appel suprême que je vous adresse au nom de l'intérêt général.

Car je dois faire remarquer à nos législateurs que la loi de proscription que l'on propose est contraire à la loi, base fondamentale du pouvoir national, qui rend tous les Français égaux, puis je ne vois pas qu'elle ait une cause criminelle qui puisse l'expliquer et en montrer la nécessité, non : elle a pour cause un délit d'opinion, un délit de la pensée qui est mobile comme l'esprit qui la donne, et qui change, vous le reconnaîtrez si vous regardez en vous-même, suivant l'intérêt de l'homme; mais la loi des suspects de 93 n'avait pas une autre cause que des délits d'opinion qui a fait que les hommes, à cette époque, ont commencé par se proscrire et ont fini par se faire tuer mutuellement jusqu'au moment où un homme supérieur, un maître est venu asservir tous les autres à sa volonté unique : c'est la raison qui fait que quand le maître disparaît, la révolution recommence, mais toujours au détriment des intérêts nationaux.

Maintenant on me permettra d'ajouter que tout cela c'est la Franc-Maçonnerie qui, arrivée au pouvoir, veut supprimer l'intelligence de l'homme pour asservir la pensée et l'opinion du peuple à son intérêt personnel. Les rois aussi ont voulu asservir l'opinion et la pensée de l'homme à leur intérêt personnel: elle leur a échappé ; vous en êtes la preuve, républicains, puisque vous êtes arrivés au pouvoir.

Eh bien! je ne crains pas de le dire, le peuple aurait fait une mauvaise besogne si le pouvoir de la France devait rester dans les mains des républicains et des francs-maçons, qui sont, à peu de chose près, de la même école ; car à voir l'usage que vous en faites, vous êtes une plaie sociale qui détruit le présent et l'avenir du peuple.

Je n'ai tracé que les grandes lignes du pouvoir national, seront-elles suffisantes pour faire comprendre au peuple combien, dans la situation malheureuse présente, ce pouvoir national est nécessaire et s'impose à la France pour sauvegarder tous les intérêts du peuple menacés d'être détruits par l'arbitraire du pouvoir républicain. J'en ai l'espoir, parce qu'il est urgent de chasser du pouvoir de la France la République, qui est l'œuvre d'un crime, qui s'est élevée par le crime et a fini toujours par le crime, afin de la remplacer par un pouvoir national, *Gouvernement Français*, qui aurait ce seul titre, parce qu'il est seul vrai. Car j'ai démontré que tous les gouvernements qui ont occupé le pouvoir de la France depuis la mort du malheureux Louis XVI, tous ont été plus ou moins atteints de cette tache originelle de la République qui les a fait gouverner dans un intérêt personnel, et non dans un intérêt national, et que, par ce fait, tous ont faussé la loi, base du droit national de la France, qui rend tous les Français égaux devant la loi et qui est la condamnation de tout pouvoir personnel, et j'ajouterai que si la loi et le suffrage donnés au peuple n'ont pas fait l'union des classes entre elles, c'est la faute des pouvoirs qui les ont toujours accaparés, dominés et dirigés dans les intérêts personnels de ceux qui ont gouverné la France.

Aussi quand je vois le pouvoir et les partis s'évertuer à expliquer le résultat de chaque vote et se jeter réciproquement la pierre, je pense qu'il serait préférable d'avouer que tout cela est de la farce politique, parce que les reproches que les uns adressent aujourd'hui au pouvoir, les autres les adressaient hier lorsqu'ils y étaient. On peut dire que plus cela change plus c'est la même chose ou pire, et fait pour occuper le bon public. Puis n'est-ce pas une véritable comédie de voir chaque parti se distribuer des rôles, pour combattre, agir et se tromper mutuellement; enfin tous jouer au plus fin, pour conserver ou prendre le pouvoir. Où est et que devient l'intérêt national dans tous ces rôles, plans et combinaisons? On peut se le demander.

Les hommes politiques au pouvoir doivent cependant savoir que toutes les finesses s'usent, même celles de Ferry. Tant que le peuple a pu vivre des miettes de leurs poches, il s'en est contenté, mais aujourd'hui qu'il ne veulent le nourrir qu'avec des mots, promesses et mensonges, il leur demande de cesser de jouer la comédie, et de lui donner la vérité de ses intérêts : car une grande partie a faim et l'autre est affamée de tranquillité et de bien-être public.

Cette organisation nationale française laisse entrevoir de grands avantages pour les intérêts du peuple :

1° Ses lois et administrations respectées;

2° Ses finances cessant d'être dilapidées;

3° Toutes sinécures abolies;

4° Toutes les positions et grades des fonctionnaires civils et militaires assurés et indépendants; chacun à sa place, chacun à son métier;

5° Plus de courses aux places, plus de compromissions écœurantes entre hommes politiques à la recherche d'une situation;

6° Plus de révolutions possibles et plus de ces questions sociales indignes d'un peuple;

7° Plus de ces entreprises coloniales inexplicables, où le sang et l'or des Français sont sacrifiés inutilement, parce que ces colonies dont les soldats de la France s'emparent par le fer et le feu, ce qui la ruinent pour vingt ans, la France n'est pas sûre de pouvoir les défendre et les conserver pendant ce temps, par la raison qu'elle n'est pas maîtresse de la mer par sa marine; puis, sa position géographique en Europe, avec ses frontières étendues à défendre contre des ennemis qui la guettent, lui montre que c'est une faute d'éparpiller ses forces à trois mille lieues de la mère-patrie.

Je ne comprends pour la France que des conquêtes coloniales pacifiques commencées par ces missions d'hommes chrétiens, admirables de sacrifices et de dévouement, pionniers de la civilisation, et continuées par des missions scientifiques, industrielles et commerciales, que la France soutiendrait et enverrait étudier dans ces pays quels sont les produits que l'on pourrait en tirer et ceux que l'on devrait exporter, puis en accordant des facilités de transport à l'industrie et au commerce pour en tirer ou exporter ces produits. Je pense que si le Gouvernement français agissait ainsi il ferait plus pour les intérêts généraux du peuple que par ces guerres lointaines qui épuisent le sang français et les finances nationales.

Les insensés qui gouvernent la France ne voient pas que l'Europe subit une crise qui ne finira que par les paroles du génie qui les a prononcées : L'Europe sera républicaine ou cosaque. Si Napoléon Ier les a prononcées, il n'a pas été sans les approfondir ; car il pouvait voir, lui qui avait parcouru presque toutes les capitales de l'Europe, que les peuples cherchaient toujours à se soustraire à l'action du pouvoir personnel des rois qui les asservissaient à leurs volontés, comme les rois et les empereurs de l'Europe se sont ligués contre lui pour se soustraire à l'action de son pouvoir qui les dominait.

Si les empereurs et rois font aujourd'hui des efforts pour arrêter ce mouvement des peuples, inné de la nature humaine, qui cherche toujours à avoir la possession de soi-même, c'est qu'ils sentent le danger que courent leurs dynasties.

Ah ! s'ils savaient combien sont peu dangereuses pour eux les républiques actuelles qui sont des gouvernements bien plus personnels que le leur, ils laisseraient tomber les républiques, les unes après les autres, dans la fange de leurs pouvoirs ; mais eux-mêmes ne sont pas plus fixés sur leur sort que les républicains qui gouvernent la France. C'est ce qui produit cette accalmie apparente que chaque gouvernement met à profit, afin de s'organiser et de s'armer pour la grande lutte qui se prépare : lutte de la démocratie contre l'autocratie.

Si la démocratie en sort victorieuse, ce qui

pour moi ne fait aucun doute, car la victoire finit toujours par rester aux gros bataillons, — le pouvoir exercé sur l'Europe par l'auteur de ces paroles en est un exemple : il a succombé malgré son génie militaire, — le mot République aurait alors un sens, une valeur, parce que chaque nation aurait à sa tête un chef de pouvoir exécutif et que l'Europe se trouverait ainsi gouvernée par plusieurs chefs, qui tiendraient leur mandat du vote du peuple souverain, ce qui constituerait l'Europe en République et donnerait la véritable signification de ce mot : gouvernement de plusieurs ; mais qui, appliqué à une nation, est une absurdité dont le peuple français subit les effets désastreux.

Maintenant ne pourrait-on pas croire que la lettre adressée par M. de Bismarck à sa Sainteté éminente, le Pape, dans laquelle il lui donne le titre de Sire, est la première passe d'armes de cette lutte prédite. Comment, c'est le représentant de l'Allemagne protestante, dont la religion est l'œuvre du moine Luther, qui a renié les principales croyances du catholicisme et s'est séparé de l'Église apostolique, qui vient aujourd'hui en reconnaître l'autorité, marquer et soutenir le pouvoir temporel des papes, qui leur a été donné par le chef de la chrétienté française, Pépin le Bref, en l'an 752, et confirmé par Charlemagne au pape Léon III, qui lui posa sur la tête, en l'église de Rome, la couronne impériale, en l'an 800, ce qui constitua le titre de romaine à la religion catholique, apostolique, et fit baptiser la France fille aînée de l'Église.

Tout cela ne montre-t-il pas combien est troublé l'esprit des pouvoirs de tous côtés, car, dans cette action politique, Bismarck me fait l'effet du diable dansant dans le bénitier des fonts baptismaux de l'Église, pour en troubler l'eau, afin que l'on ne puisse pas reconnaître le baptême chrétien du baptême protestant, à l'effet de prendre la place qu'occupe la France comme puissance chrétienne dans le monde, comme il lui a pris déjà celle qu'elle occupait comme puissance militaire en Europe. Ce serait vraiment à faire croire que la franc-maçonnerie allemande et française s'entendent entre elles pour détruire tout ce qui fait la grandeur et la puissance de la France.

J'aurais voulu ne pas avoir, dans cette étude, à parler religion ; mais j'y suis obligé, entraîné par la thèse que je soutiens du pouvoir national par le peuple, dont les intérêts sont si étroitement liés à ceux de la religion catholique et apostolique, qu'on ne peut les en séparer, pas plus que l'on ne peut, chez l'homme, séparer sur la terre son présent de son avenir. Je vais en donner les raisons qu'il m'a été permis d'en comprendre.

La nature humaine possède un corps, matière visible; mais je dirai qu'il est composé d'intérêts d'essences différentes invisibles, les uns appelés le présent, les autres appelés l'avenir.

Les premiers, d'intérêts matériels, de nature périssable, sont ceux du corps, qui est mortel et retourne à sa nature, la terre; les deuxièmes, d'intérêts spirituels immortels, sont ceux de l'intelligence, qui est l'âme de l'homme et retourne à son créateur, Dieu, au moment qu'il a fixé pour la séparation de ces deux intérêts divers.

Cette définition pourra peut-être froisser certains sentiments, mais je la pense exacte; car on ne peut nier que l'intérêt est le mobile des actions humaines, et qu'il n'y a que la religion du Christ qui peut les diriger pour son bien. Si on veut se convaincre que c'est l'intérêt qui est le guide de l'humanité, on n'a qu'à se reporter à l'histoire des peuples, qui apprend et montre que de tout temps la vie de l'homme n'a toujours été qu'un grand combat d'intérêts, qui a fait que des millions d'existences humaines ont été sacrifiées à l'ambition des intérêts des chefs qui ont régné à différents titres sur les peuples.

La religion catholique que Dieu a donnée au monde avait pour effet d'arrêter ces combats sanguinaires d'intérêts matériels et montrer à l'homme qu'il ne devait pas tout sacrifier à l'intérêt matériel de son corps, parce qu'il avait d'autres intérêts supérieurs à sauvegarder, qui étaient ceux de son âme immortelle. Aussi, le fils de Dieu fait homme est-il né dans une étable pour montrer à l'homme, par sa pauvreté, qu'il devait se détacher des biens terrestres, et il s'est laissé crucifier pour lui apprendre à aimer son prochain. Le Christ s'est donc sacrifié et donné en exemple pour éclairer l'humanité par sa religion sur son intérêt présent et sur son intérêt à venir, afin de faire comprendre à l'homme que la place réservée à son âme dans son intérêt auprès du trône de son père céleste, serait celle méritée suivant que son intelligence aurait accompli les préceptes de sa religion; cela à l'effet qu'elle puisse intercéder Dieu dans les intérêts présents et à venir de sa famille restée sur la terre.

Ces intercessions des âmes seraient-elles une explication des décrets impénétrables qui profitent aux uns et frappent les autres sur la terre? C'est une appréciation donnée à l'intelligence de chacun à résoudre; mais un point résolu et que toute personne sait : c'est que plus on est éloigné du pouvoir, moins on en reçoit les faveurs.

La religion catholique est l'esprit des évangiles et des actions de Jésus-Christ sur la terre, que les apôtres et les successeurs des apôtres ont reçu mission de transmettre à l'humanité et de répandre par les paroles en donnant l'exemple de la pauvreté et de l'esprit de sacrifice pour le Seigneur de leur foi. A cet effet, la loi de l'Église interdit le mariage à ses prêtres.

Pendant tout le temps que les successeurs des apôtres se sont renfermés dans les devoirs de leur mission divine, la religion catholique a fait de grands progrès dans le monde; elle a enfanté des héros, donné des saints à l'Église et fait des martyrs dont le sang répandu propageait la lumière divine.

Je citerai à ce sujet cette légion Thébéenne, au nombre de 6,600 hommes, qui, en l'an 303, préféra se laisser décimer et mourir que de renier la religion du Christ et de verser du sang chrétien.

Nous sommes loin aujourd'hui de cette foi puissante; cela tient à ce que les évêques ont consenti à accepter des honneurs et des charges civiles : 1° d'abord par le titre de premier citoyen des cités qu'ils habitaient, que les empereurs romains leur avaient conféré ; 2° par le droit de recevoir des legs et d'acquérir des biens-fonds qui leur avait été donné par l'empereur Constantin. Mais c'est surtout à partir de l'époque où Pépin-le-Bref fit don aux chefs de l'Église de l'exarchat de Ravenne, possession qui leur a été confirmée à différentes fois par l'empereur Charlemagne, que la religion catholique ne fit plus de progrès sensibles dans le monde, parce que les chefs de l'Église se trouvaient, par ce fait, exercer deux pouvoirs, l'un d'intérêts personnels civils, l'autre d'intérêts religieux.

Je le dis parce que c'est un nouvel appui donné à cette vérité démontrée ici : que deux pouvoirs d'intérêts divers sur la même tête sont incompatibles et se nuisent mutuellement : ce qui vient confirmer ce que j'ai déjà dit, que deux maîtres dans une nation dont les intérêts sont différents, ne peuvent s'unir et sont cause de la division des classes entre elles, et à plus forte raison lorsqu'il y a plusieurs maîtres, comme en République; aussi, dans ces conditions, le Concordat a-t-il été une œuvre de sagesse qui a assuré la paix religieuse à la France.

Le monde n'a qu'un seul Dieu, être suprême, maître de toutes choses. L'intérêt du monde lui commande de n'avoir qu'une seule religion, celle du Christ, Fils de Dieu.

L'homme, être visible, fait à l'image de Dieu, forme les peuples et les nations; l'intérêt du peuple lui montre qu'il ne doit avoir qu'un pouvoir national au profit de lui-même.

Remettez tous les pouvoirs que possède chaque nation aux mains de chaque peuple par le *vote secret*, vous aurez la clef des intérêts de chaque pouvoir et la vérité politique et religieuse de tous les intérêts de chacun, ce qui fera l'union des intérêts de l'homme dans son pouvoir national et lui donnera la possession de soi-même et de ses intérêts.

J'ai donné la définition de l'homme et de ses rapports avec Dieu, son créateur, suivant ce qui m'a été permis d'en penser. Par contre, je dirai toute ma pensée sur le grand Architecte de l'univers, comme l'appellent les Francs-Maçons, qui sont tous républicains, et dont il est l'idole. Son titre est facile à définir, car il n'est autre que le grand maître de toutes les loges répandues dans l'univers qui se distinguent entre elles, par des titres différents, et chaque loge a son grand vénérable qui en sont les saints et les farceurs de ce culte, avec lequel ils abusent de la crédulité humaine et profitent de sa bêtise. L'entrée dans les loges de ce théâtre, où le mortel est conduit par sa grande ambition, où son ineptie n'a rien de bien attrayant parce qu'elle est précédée d'un cérémonial organisé et fait pour frapper l'intelligence de l'homme et pour singer les pouvoirs du Dieu véritable. Aussi, les hommes qui se font les adeptes de ce culte consentent-ils à n'être plus que des singes faits à l'image du grand Architecte de l'univers. On ne peut le nier, puisque son culte et son école sont de subordonner l'intelligence de l'homme à sa nature matérielle *animale :* tout au *présent*, rien à *l'avenir*. C'est pourquoi on voit ses adeptes au pouvoir singer les pouvoirs que possédaient les empereurs et rois qui ont régné sur la France sans en avoir ni les titres ni les qualités, et en conserver tout l'arbitraire qui est pour eux de remplacer la pensée humaine par la discipline républicaine.

Si le peuple électeur faisait, par son vote, cesser toutes ces comédies d'hommes qui se moquent de lui, il verrait alors arriver en France le règne de Dieu, et l'honnêteté à son pouvoir, parce qu'il donnerait à Dieu ce qui appartient à Dieu et à César ce qui est à César, qui serait le règne du peuple.

Ces explications sont données pour montrer au gouvernement de la République que les attaques au pouvoir de Dieu sont des délits d'opinion, que les attaques au pouvoir de César sont des délits d'opinion, et que vouloir punir ces délits par une loi ou décret serait une utopie et commettre une monstruosité gouvernementale qui ferait mettre la pensée de l'homme à la merci d'une loi des suspects, ce qui ramenerait fatalement la France à cette triste époque de 93 où les hommes arrivaient successivement au pouvoir par le fait de la proscription, et ensuite se faisaient assassiner réciproquement par le fait de la délation pour cause de suspicion aux idées du pouvoir. Et bien, malgré tous ces massacres, il y a encore dans le gouvernement de tristes représentants de ces idées qui ne devraient pas cependant ignorer, après de tels exemples, que la pensée échappe à toute action coercitive humaine, et que ce pouvoir n'appartient qu'à Dieu son créateur, parce qu'il est le maître de toutes choses. Je le dis afin que le peuple soit bien pénétré de cette vérité : c'est que tout gouvernement qui s'appuierait sur une pareille religion et qui agirait sur une nation avec un pareil pouvoir, remplirait un rôle criminel, par la raison qu'il gouvernerait contre les intérêts de la nature humaine, qui forme la nation, qui doit être la possèssion du peuple et non d'une classe plus que d'une autre. Ce qui indique que toutes les fonctions publiques ne doivent être données à chacun que d'après examens de capacités et au mérite, qui est l'apanage du travail, et non à la faveur. C'est aussi la preuve qu'il n'y a que le pouvoir national du peuple souverain qui peut faire des lois d'intérêt général effectives à son profit.

Toutes les brochures que j'ai livrées à la publicité ont été faites dans le but de trouver un moyen de faire l'union entre les classes de la nation française. J'ai entendu appeler cette idée un rêve naïf de la pensée : cela ne m'a pas rebuté. J'ai cherché d'abord à la faire entre l'ouvrier et le patron par le partage du bénéfice, que je voulais rendre obligatoire pour chacun par une loi : c'était une utopie, parce qu'on ne peut pas commander à l'intérêt personnel de l'homme sans porter atteinte à la liberté de sa pensée et de ses actions. Le partage des bénéfices qui, dans beaucoup de cas, serait une solution vraie de ces deux intérêts, ne peut toutefois résulter que de volontés communes et de conventions particulières où chacun y trouve son intérêt personnel. Je devais échouer. C'est alors que je me suis tourné du côté de la politique ; là, je me suis encore butté à l'intérêt personnel de l'homme ; j'ai attaqué tous les partis, toutes les individualités politiques sans me rendre compte que ces hommes suivaient le cours naturel des actions de l'humanité qui est l'intérêt personnel, et que, par ce fait, j'attaquais ce qui n'était pas attaquable, parce que l'intérêt personnel est la cause d'être de l'homme.

Je leur en exprime tous mes regrets et leur en fait ici mes excuses.

Cependant, la situation politique s'aggravant toujours, j'ai mis en pratique cet axiome des lois terrestres : Cherchez, cherchez, et vous trouverez. Il m'a conduit à reconnaître que la Franc-Maçonnerie avait pénétré au pouvoir, et que si je pouvais soustraire les lois de mon pays, qui sont les grands ressorts de l'administration française, à l'action personnelle du pouvoir républicain et franc-maçon, je réaliserais le but de mes désirs et de mes pensées, par le pouvoir national français qui n'est autre que l'union des classes, parce qu'il est l'union des intérêts dans le pouvoir : ce qui limiterait l'ambition de l'homme politique à ses propres forces, par la raison qu'il ne pourrait plus faire servir celles des autres à son ambition personnelle comme cela a lieu actuellement.

Il est évident pour tout homme impartial, que le siècle où nous vivons n'est qu'agitations, luttes politiques et antagonisme social. Aussi, on voit à quel travail de mots, promesses et mensonges se livrent les hommes politiques pour borner la pensée des masses ouvrières, dont les votes les conduisent au pouvoir et aux honneurs. Les élections dernières en ont été une preuve malheureuse ; et si les rapports entre patrons et ouvriers deviennent plus difficiles, et pour beaucoup sont déjà à l'état aigu, c'en est une cause que je vais expliquer. Elle tient à ce que la loi de coalition, faite en principe pour permettre aux ouvriers de défendre leurs intérêts, a été faussée par le fait d'hommes qui les endoctrinent par leurs belles paroles et s'attribuent le droit d'en régler les intérêts vis-à-vis les patrons, desquels ils sont pour la plupart inconnus, et dont tout l'intérêt personnel est d'entretenir, par des grèves, la mésintelligence entre eux, parce qu'ils vivent et se nourrissent de la division qu'ils fomentent et la font profiter à leurs intérêts politiques.

Je suis étonné que l'ouvrier ne se soit pas encore aperçu qu'il ne peut céder, sans préjudice pour lui, un droit que lui seul peut connaître, qui est son intérêt personnel et celui de sa famille, ni qu'aucun ne peut le remplacer dans cet intérêt direct du marchandage de son travail, d'où dépend son pain quotidien et celui de sa famille, par cette raison, qu'il est le seul appréciateur de sa force, de son habileté et de l'intelligence qu'il apporte dans son intérêt au travail qui lui est donné, car le jour où il consent à abandonner à d'autres le soin de débattre ses intérêts à ce sujet, il perd sa liberté et il abdique en fait la possession de lui-même; il ne devient plus qu'une machine agissante, dont la marche est réglée par une autre pensée que la sienne, et n'est plus qu'un instrument aux mains de personnalités dont il est la dupe, parce qu'il est forcé d'obéir à un mot d'ordre donné par une volonté autre que la sienne, dont l'intérêt direct lui échappe, et ne peut en avoir un pour lui que problématique, excepté, toutefois, la *taxe* dont sa journée est frappée pour subvenir aux frais des grèves. C'est pour moi une aberration inexplicable des intérêts ouvriers, en ce sens qu'ils marchent contre leur but, par cette raison décisive: c'est que le patron conserve toujours sa liberté d'intérêts et que l'ouvrier l'a abandonnée à d'autres; puisque vouloir forcer la liberté de l'intérêt de l'homme, c'est porter atteinte à sa cause d'être et détruire l'humanité elle-même. Ce qui est la démonstration que les intérêts personnels et permanents de l'existence de l'homme et de sa famille ne doivent pas se déléguer, parce qu'ils font partie même du corps de l'individu, que personne ne peut remplacer dans ses fonctions d'intérêts directs individuels, car seul il les connaît et il les sent.

Si l'homme dans la vie politique est appelé à confier le mandat de cet intérêt, qui touche aussi à celui matériel de son existence, à un mandant de son choix, c'est que le mandat qu'il donne est défini dans son action politique, en ce sens, qu'il ne comporte pas d'intérêts particuliers, mais doit se renfermer complètement dans celui de l'intérêt national, qui est commun à tous.

Suis-je aujourd'hui dans le vrai? c'est ma conviction. Et si j'ai réussi à la faire passer dans l'esprit du lecteur, je viens le prier d'être mon collaborateur pour la diffusion de ces idées et de m'aider, à les répandre. Car je ne vois pas d'autre moyen de sortir de la position fausse et malheureuse où le gouvernement de la République met la France; mais je dois l'avouer, la cause de toutes ces calamités vient aussi de ce que depuis bien des siècles, aucun pouvoir n'est resté dans la vérité de l'origine de sa création et de sa cause d'être, parce que les principes en ont presque toujours été sacrifiés aux raisons d'intérêts de ceux qui ont occupé les pouvoirs du peuple.

Je demande aussi à la presse son action, et aux journalistes leur plume pour propager ces idées d'intérêt général, et faire œuvre de salut public, et s'ils ne veulent pas voir sombrer le navire qui porte tous les intérêts particuliers dans le gouffre des flots révolutionnaires, mis en courroux par la furie démagogique qui se prépare à agir; exemple : *Decazeville*, dont la cause vient de ce que tous les bons sentiments de la nature de l'homme lui sont ôtés par les idées matérialistes qui priment au pouvoir et qu'on lui donne.

M. Grévy, le chef du pouvoir exécutif de la République, pourrait y contribuer beaucoup, lui, qui autrefois a déclaré que ce rouage présidentiel était inutile et qui a bien voulu l'accepter par abnégation et patriotisme.

Un décret de sa main contresigné du ministre suffirait, et le peuple, pour lui en témoigner sa reconnaissance, ne pourrait mieux faire que de lui confier à nouveau le titre de Chef du Pouvoir exécutif national du gouvernement français, car il aurait aidé à sauver la France; mais à condition toutefois qu'il déclarerait qu'il n'appartient à aucune secte de la Franc-Maçonnerie dont les principes occultes de ses pouvoirs sont de supprimer chez l'homme l'intelligence, afin de mieux l'asservir aux caprices et aux volontés des individualités qui règlent, dans leurs intérêts personnels, la marche de ces sociétés occultes.

De ce qui précède, il résulte que de tous les gouvernements qui ont existé en France, celui de la République a toujours été le plus inférieur de tous, parce que son titre impersonnel, qu'elle tient des révolutions faites par le peuple, était pour défendre sa cause nationale et non pour que son pouvoir soit accaparé au profit de plusieurs personnalités et d'un parti dont l'arbitraire lui est plus nuisible que celui d'un seul : ce qui fait qu'ils ont frustré l'origine de sa création et sa cause d'être. Si les autres ont suivi ce faux système et n'ont pas toujours gouverné dans l'intérêt national, Ils avaient au moins un intérêt français qui les empêchait de dilapider les finances de la France, c'était celui de leurs familles-souches qu'ils espéraient voir succéder à leur pouvoir; mais en République cet intérêt n'existe pas : il ne reste plus que l'intérêt personnel et l'arbitraire de ceux qui occupent son pouvoir.

Aussi, voit-on le déficit dans les finances nationales augmenter annuellement, autant que la misère, dans une grande partie du peuple, dont la généralité attend impatiemment qu'on lui donne la vérité de ses intérêts, par la création de son pouvoir national, qui est la paix offerte à ceux qui sont au pouvoir et à tous les partis sur l'organisation duquel ils peuvent s'unir, parce qu'il est l'union des intérêts politiques dans ce pouvoir et qu'il est le seul qui puisse assurer la sécurité individuelle, qui est la liberté des intérêts personnels; le seul qui puisse donner la sécurité politique, qui est la liberté de la pensée et de l'opinion: ce qui ferait remplacer le gouvernement actuel d'intérêts républicains sans avenir national, par un gouvernement d'intérêts et d'avenir commun à tous les français.

Les idées que je viens d'exposer, pour être livrées à la publicité, pouront peut-être déranger certains petits calculs d'intérêts personnels, mais les calculateurs voudront bien me pardonner, parce que j'ai considéré qu'il était urgent, dans l'intérêt général, de démasquer toutes ces finesses toutes ces turpitudes, à l'effet de faire cesser cet état de désunion entre les classes qui forment la nation française qui, s'il devait continuer, finirait par les faire se jeter les unes sur les autres pour se dépouiller et se tuer mutuellement.

CONCLUSIONS

Le peuple devrait chasser du gouvernement de la France tout pouvoir qui ferait séparer chez l'homme le présent de son avenir, et ôter l'âme de son corps, parce que ce serait apprendre à l'homme à méconnaître son Créateur et à l'enfant à oublier son père, et ferait que Dieu se séparerait de l'homme et le père de son enfant, ce qui donnerait la preuve que ce pouvoir oublierait son origine nationale et sa cause d'être qui est l'intérêt du peuple, son avenir et celui de sa famille.

L'emblème vrai de ce pouvoir serait :

Tout avec Dieu, par le peuple et pour le peuple.

Par la raison que tout pouvoir national, pour être vrai, doit procéder de l'autorité de *Dieu, Être suprême invisible*, et de l'autorité du *Peuple, Être impersonnel visible;* ce qui ferait exister l'autorité dans toute la nation.

La France alors, forte de son union, pourrait attendre avec calme les évènements et reprendre sa place en Europe, car elle deviendrait l'arbitre de ses destinées, parce qu'elle posséderait un gouvernement supérieur à tous les autres.

Bourges. — Imp. Pigelet et Tardy, Tardy-Pigelet, Successeur.

www.ingramcontent.com/pod-product-compliance
Lightning Source LLC
LaVergne TN
LVHW010044230826
846091LV00005B/1859

9782014058574